www.ingramcontent.com/pod-product-compliance
Lightning Source LLC
LaVergne TN
LVHW050804051026
849532LV00008B/2956
* 9 7 8 9 3 6 9 0 8 2 9 5 7 *

اَن پڑھ آندھی

(شاعری)

اعزاز افضل

Anpadh Aandhi *(Poetry)*

by: Aizaz Afzal

Edition: October '2025
Publisher :
Taemeer Publications LLC (Michigan, USA / Hyderabad, India)

ISBN 978-93-6908-295-7

9 789369 082957

کتاب	:	**اَن پڑھ آندھی** (مجموعہ کلام)
مصنف	:	**اعزاز افضل**
صنف	:	شاعری
ناشر	:	تعمیر پبلی کیشنز (حیدرآباد، انڈیا)
سالِ اشاعت	:	۲۰۲۵ء
صفحات	:	۷۰
سرورق ڈیزائن	:	تعمیر ویب ڈیزائن

اَن پڑھ آندھی گھُس پڑتی ہے توڑ کے پھاٹک محلوں کے
”اَندر آنا منع ہے“ لکھ کر لٹکانے سے حاصِل کیا
(پرویز شاہدی)

اُس نے جب سو تیر چلائے
میں نے ایک غزل چپکا دی
(شاد عارفی)

گہوارۂ ہاؤ ہو بنایا میں نے
شائستۂ گفتگو بنایا میں نے
غزلوں میں سمیٹ کر اودھ کی تہذیب
کلکتے کو لکھنؤ بنایا میں نے

اعزاز افضل

خوابوں کے صنم خانے جب ڈھائے گئے ہونگے
اِس دور کے سب آزر بلوائے گئے ہونگے

تو بھی نہ بچی ہوگی اے عافیت اندیشی
ہر سمت سے جب پتھر برسائے گئے ہونگے

پھر اُس نے مسائل کا حل ڈھونڈ لیا ہوگا
پھر لوگ مسائل میں اُلجھائے گئے ہونگے

ہم گزرے کہ تم گزرے یہ دیکھنے کون آتا
تھے جتنے تماشائی سب لائے گئے ہونگے

یارانِ قدح سے کچھ لغزش بھی ہوئی ہوگی
دانستہ بھی کچھ ساغر چھلکائے گئے ہونگے

افضل کا مقدر ہے حق گوئی و رسوائی
سچ بات کہی ہوگی جھٹلائے گئے ہونگے

یہ شہر یہ خوابوں کا سمندر نہ بچے گا
جب آگ لگے گی تو کوئی گھر نہ بچے گا

یا نقش اُبھارو کوئی یا عکس کو پوجو
شیشے کو بچاؤ گے تو پتھر نہ بچے گا

احساسِ رقابت سے جبینوں کو بچاؤ
ٹکرائیں گے سجدے تو کوئی دَر نہ بچے گا

اے نیند چھپے رہنے دے دو چار نظارے
جب آنکھ کھُلے گی کوئی منظر نہ بچے گا

مقتل کی سیاست نہ ہماری نہ تمہاری
تفریق کرو گے تو کوئی سر نہ بچے گا

اُجالے تیل چھڑکنے لگے اُجالوں پر
عجیب وقت پڑا ہے چراغ والوں پر

تمہارا عالمِ مستی ڈھکا چھُپا ہی سہی
مری نگاہ ہے ٹوٹے ہوئے پیالوں پر

تمہارے ذہن میں جو آج چُبھ رہے ہوں گے
میں کل سے سوچ رہا ہوں اُنہیں سوالوں پر

نہ اُٹھ سکا ترے طرزِ خرام سے پردہ
ہوائیں ڈال گئیں خاک پائمالوں پر

محاکمہ نہ کریں آپ اپنی باتوں کا
یہ کام چھوڑ دیا جائے سُننے والوں پر

مسلمات سے کیوں قصدِ انحراف کیا
عقیدے ٹوٹ پڑے ہیں مرے سوالوں پر

یہ کیا ضرور کہ رُخ سب کا ایک جانب ہو
فضا کی قید لگاؤ نہ اُڑنے والوں پر

اب رُب کے چشمے موج زن نہیں ہوتے
خشک ہو گئے شاید تشنگی کے سب سوتے

دو ہی چار جھونکوں میں بَل نکل گئے سارے
اب بہار کے گیسو خم بخم نہیں ہوتے

نیند میں بھی چادر کا اتنا پاس ہے تم کو
کچھ تو پاؤں پھیلاؤ اس طرح نہیں سوتے

خواب خود حقیقت ہیں آنکھ کھول کر دیکھو
کس نے کہہ دیا تم سے خواب سچ نہیں ہوتے

کیسی رات آئی ہے نیند اُڑ گئی سب کی
منزلیں بھٹکتی ہیں قافلے نہیں سوتے

چاک ہو گیا دامن ہاتھ ہو گئے زخمی
ایک داغِ رسوائی اور کس طرح دھوتے

گریہ و تبسم تو ہیں نقاب چہروں کے
آئینے نہیں ہنستے آئینے نہیں روتے

شریکِ راہ شریکِ نظر نہیں ہوتا
چلے جو ساتھ وہی ہمسفر نہیں ہوتا

اُدھر نہ دیکھ کہ اُس کی نگاہ کا مرکز
جدھر وہ دیکھ رہا ہو اُدھر نہیں ہوتا

خزاں کے دور میں کیا ہوگی خواہشِ پرواز
بہار میں بھی غمِ بال و پر نہیں ہوتا

خدا تجھے کبھی فرصت کے دن نصیب کرے
ہر ایک قصۂ غم مختصر نہیں ہوتا

خوش اعتقادیٔ اہلِ نظر کو کیا کہیے
بنے جو نقش وہی معتبر نہیں ہوتا

کسی کی آنکھ میں آنسو کسی کے لب پہ ہنسی
دلوں پہ درد کا یکساں اثر نہیں ہوتا

اسی کے دم سے ہے اک ربط دشت و گلشن میں
بجز ہوا کوئی پیغامبر نہیں ہوتا

برائے نام تعلق ہے خواب زاروں سے
یقیں نہ ہو تو خلوصِ نظر نہیں ہوتا

سفر میں کون نبھاتا ہے ساتھ منزل تک
یہ امتحان سرِ رہگزر نہیں ہوتا

یہ آپڑے ہیں کہاں تجربوں کی دھوپ میں ہم
اب اعتبار کسی چھاؤں پر نہیں ہوتا

کسی کے ذہن کا باہر سے اندازہ نہیں ہوتا
مگر کیا کیجئے اس گھر میں دروازہ نہیں ہوتا

حقائق رات بھر ریشہ دوانی کر رہے ہونگے
اچانک منتشر خوابوں کا شیرازہ نہیں ہوتا

ہمیں معلوم ہے محفوظ کچھ ہم بھی نہیں لیکن
ہماری زندگی میں چور دروازہ نہیں ہوتا

یہ اک بے نام سی خوشبو کہاں پہنچا کے دم لے گی
ہواؤں سے کسی موسم کا اندازہ نہیں ہوتا

مجھے تیری، مسافر دوستی میں شک نہیں لیکن
مرے چہرے پہ گردِ راہ کا غازہ نہیں ہوتا

تم اتنے بے حقیقت تو نہ تھے ماضی کے افسانو
خوشی کا ذکر ہے اور کوئی غم تازہ نہیں ہوتا

اگر زحمت نہ ہو تو اک ذرا نیچے اتر آؤ
بلندی سے قد و قامت کا اندازہ نہیں ہوتا

اِس در کی طرف دیکھیں اُس در کی طرف دیکھیں
یہ در بدری کب تک اب سر کی طرف دیکھیں

کی ہم نے بہت سب کے خوابوں کی نگہداری
اب اپنے تراشیدہ منظر کی طرف دیکھیں

اے جذبۂ خود بینی یہ سیرِ دروں کب تک
احساس کے پٹ کھولیں باہر کی طرف دیکھیں

ہر بام تو جسے سے آنکھوں پہ عذاب اُترا
کس گھر سے نظر پھیریں کس گھر کی طرف دیکھیں

اے ضبط خدا حافظ اِس ظرف سے در گذرے
ہونٹوں پہ زباں پھیریں ساغر کی طرف دیکھیں

یہ کیسی کشاکش ہے اے مصلحت اندیشی
شیشے پہ نظر رکھیں پتھر کی طرف دیکھیں

کیا جانئے آتے ہیں کس سمت سے یہ پتھر
سب آئینہ خانے ہیں کس گھر کی طرف دیکھیں

مقتل میں غنیمت ہے یہ فرصتِ نظارہ
آنکھوں سے لہو پونچھیں خنجر کی طرف دیکھیں

ہم تو ڈوبیں گے یا پار اُتر جائیں گے
یہ جو ساحل پہ ہیں یہ کدھر جائیں گے

ہم سفر کچھ اِدھر کچھ اُدھر جائیں گے
موڑ پر سارے وعدے بکھر جائیں گے

بہکے انداز ہی کام کر جائیں گے
خُم الٹ دیجیے جام بھر جائیں گے

ان سے کیوں چھینیے نازِ خوش چہرگی
آئینہ دیکھیے گا تو ڈر جائیں گے

اَب فضا بن گئی ہے تو رو لیجیے
ورنہ سب قہقہے بے اثر جائیں گے

دے رہے ہو کسے موت کی دھمکیاں
ہم کہاں جی رہے ہیں کہ مر جائیں گے

○

ندی ندی رَن پڑتے ہیں جب سے ناؤ اُتاری ہے
طوفانوں کے کس بَل دیکھے اب ملاح کی باری ہے

نیند رگوں میں دوڑ رہی ہے پور پور بیداری ہے
جسم بہت حسّاس ہے لیکن دل جذبات سے عاری ہے

آوازوں کے پیکر زخمی لفظوں کے بُت لہولہان
کرتے ہیں اظہارِ تفنّن کہتے ہیں فن کاری ہے

منزل منزل پاؤں جما کر ہم بھی چلے تھے ہمسفرو
اُکھڑی اُکھڑی چال کا باعث راہ کی ناہمواری ہے

آنکھ تھکن نے کھولی ہے یا عزمِ سفر نے کروٹ لی
پَر پھیلا کر بیٹھو گے یا اُڑنے کی تیاری ہے

سچ کہتے ہو نیو میں اس کی ٹیڑھی کوئی اینٹ نہیں
آڑھی ترچھی چھت کا باعث گھر کی کج دیواری ہے

کیا کہئے کیوں آج سروں سے زخموں کا بوجھ اُٹھ نہ سکا
پتھر تھے لیکن ہلکے تھے پھول ہے لیکن بھاری ہے

بستی بستی قریہ قریہ کوسوں آنگن ہے نہ مُنڈیر
ذہن خرابہ، دل ویرانہ، گھر اعصاب پہ طاری ہے

ایک دِیا اور اتنا روشن جیسے دہکتا سُورج ہو
کہنے والے سچ کہتے ہیں رات بہت اندھیاری ہے

پیڑ ننگے ہیں شاخیں برہنہ اَب یہ منظر قیاسی نہیں ہے
تم تو کہتے تھے فصلِ بہاراں موسمِ بے لباسی نہیں ہے

ضبط کی بات اور تشنہ کامی خشک ہونٹ اور یہ خوش کلامی
جس قدر کر رہی ہے نمائش انجمن اتنی پیاسی نہیں ہے

آپ اتنا سمجھتے تو ہوں گے کتنے اسلوب ہیں گفتگو کے
ہر خموشی پہ خاموش رہنا کیا سخن ناشناسی نہیں ہے

توشۂ بے شعوری کے بل پر یہ کٹھن مَرحلہ طے نہ ہو گا
شوق کی شاہراہِ تجسس کوچۂ بدحواسی نہیں ہے

جھانک لیتے ہیں زنداں سے باہر تا بہ زنجیر آزاد ہیں ہم
ہے گھٹن اِس فضا میں بھی لیکن گلستاں کی فضا سی نہیں ہے

کیوں اُلجھتے ہو دیوار و دَر سے ذہنِ معمار میں ٹیڑھ ہو گی
گھر کی تعمیر میں اینٹ کوئی باعثِ کج اساسی نہیں ہے

قافلوں کی نظر ہانپتی ہے فکر کی پنڈلیاں کانپتی ہیں
کوئی دیوار اب راستے میں آپ کے نقشِ پاسی نہیں ہے

بالارادہ ہو یا بے ارادہ ہر تغافل کے ممنون ہیں ہم
مخلصانِ محبت کے دل میں جذبۂ ناسپاسی نہیں ہے

●

جل گیا دامن تو اب اظہارِ بے زاری نہ کر
ہم نہ کہتے تھے چراغوں کی طرفداری نہ کر

خواب جھوٹے ہی سہی تصدیقِ بیداری نہ کر
اے نظر والے تصور کی دل آزاری نہ کر

آئینہ بن آرزوں کی آئینہ داری نہ کر
کھینچ دے حالات کی تصویر فنکاری نہ کر

کارگاہِ سنگ میں پھر ہو رہے ہیں مشورے
سر بچا، آئینہ خانوں کی نگہداری نہ کر

اے چراغِ شوق اپنی روشنی محفوظ رکھ
مصلحت کی دھوپ میں مشقِ ضیا باری نہ کر

چشمِ گریاں کو تو بس کوئی بہانہ چاہیے
اپنا دامن کھینچ لے اشکوں کی دلداری نہ کر

اے سفر آندگی کوئی نئی تاویل ڈھونڈ
رہزنوں کی بھیڑ میں عذرِ گرانباری نہ کر

جام کھنکے تو سنبھالا نہ گیا دِل تم سے
ہے ابھی دُور بہت ضبط کی منزل تم سے

ہم تو دَریا میں بہت دُور نکل آئے ہیں
لوٹ جاؤ ابھی نزدیک ہے ساحل تم سے

جستجو سرحدِ ادراک سے آگے نہ بڑھی
دو قدم طے نہ ہوا مرحلۂ دل تم سے

خلوتِ شوق کے دَر بند کیے لیتا ہوں
اَب شکایت نہ کرے گی کوئی محفل تم سے

سخت جانی مری آسودۂ خنجر تو نہ تھی
کیوں نکالا نہ گیا حوصلۂ دِل تم سے

تم تو نغموں کی فصیلوں پہ بہت نازاں تھے
کیوں دبایا نہ گیا شورِ سلاسِل تم سے

دھڑکنوں کو نظر انداز کیے جاتے ہو
پھر نہ کہنا کہ مخاطب نہ ہوا دِل تم سے

بے سمتیاں سمیٹ کے یکجا تو کیجیے
ہر موڑ منتظر ہے کئی راستے لیے

ہے داستانِ غم کا یہی نقطۂ عروج
ہم دوستوں کے ہنسنے سے پہلے ہی ہنس دیے

کیا آزروں کے شہر میں بھی قحطِ سنگ ہے
کب سے کھڑے ہیں ہاتھ میں ہم آئینہ لیے

اہلِ سفر کا مجھ پہ یہ احساں بھی کم نہیں
تنہا نہ چل سکے تو مرے ساتھ ہو لئے

شاید پھر آج ہاتھ کسی کا قلم ہوا
سادے ورق پہ کل تو نہ تھے سُرخ حاشئے

افکار کی برہنہ سرشتی کو کیا کریں
الفاظ نے تو ان کو کئی پیرہن دئے

ہم نے پڑھا ہے تازہ شمارہ بہار کا
دستِ صبا نے لکھے ہیں پھولوں کے مرثئے

افضلؔ غزل کی راہ میں رکھئے سنبھل کے پاؤں
زنجیر بن نہ جائیں ردیف اور قافیے

●

دَر چھوڑ دیا ہم نے یہ دَر بدری دیکھو
دِیوار سے ٹکرائے شوریدہ سری دیکھو

سُورج کے قریب آئے گھبرا کے اندھیرے
اَب آنکھ نہیں کھلتی روشن نظری دیکھو

تیشے نے تو پتھر سے آئینے تراشے ہیں
کیا بھیس بدلتی ہے اب شیشہ گری دیکھو

سُنتے ہیں کہ مغرب سے نکلے گا نیا سُورج
کِس سمت سے آتی ہے بادِ سحری دیکھو

اَللہ نہیں دیتا توفیقِ جنوں سب کو
ہم رقص کیے جائیں تم جامہ دری دیکھو

ہر کہانی اک حقیقت سامنے لاتی رہی
اور دلچسپی ورق ہم سے اُلٹواتی رہی

زیست اپنا دکھ مری آنکھوں سے چھلکاتی رہی
اور میرے حال پر دنیا کو ہنسواتی رہی

زندگی چہرے بدل کر سامنے آتی رہی
ایک صورت سارے آئینوں کو جھٹلاتی رہی

جان لیوا مرحلوں سے جیسے گذرے ہی نہ تھے
ایک ٹھوکر کیا لگی ساری تھکن جاتی رہی

کُھردرے حالات میں ڈھونڈو نہ احساسِ جمال
وہ نفاست عشق کے ماحول سے جاتی رہی

اتنی مدّت تو رہا کس کس سے مصروفِ کلام
تیری خاموشی ترا پیغام پہنچاتی رہی

اس کی خاموشی نے افضل نت نئے فتنے جگائے
اور زیرِ بحث میری شاعری آتی رہی

ہم تو سچ سے فرار کرتے رہے
آپ کیوں آئینے سے ڈرتے رہے

ریت پر بُلبلے اُبھرتے رہے
پیاس کی تہہ میں ہم اُترتے رہے

آپ سانسیں شمار کرتے رہے
اور قسطوں میں لوگ مرتے رہے

معتبر ٹھہری بات چہروں کی
آئینے اختلاف کرتے رہے

پتھرو تم پہ کیا پڑی افتاد
ہم تو ذرّے تھے ہم بکھرتے رہے

کوئی چھت تھی نہ کوئی آنگن تھا
زینے چڑھتے رہے اُترتے رہے

دو قدم بھی زمیں پہ چل نہ سکے
آسمانوں سے جو گزرتے رہے

لُٹ گئے جان و دِل سرِ بازار
تم دفینے تلاش کرتے رہے

زندگی وعدہ کر کے بُھول گئی
اور ہم انتظار کرتے رہے

اک توقع سحر سے ہوتی ہے
بھول اب تک نظر سے ہوتی ہے

مختصر یہ کہ ہر خرابی کی
ابتدا اپنے گھر سے ہوتی ہے

دُور تک کوئی سنگ زار نہیں
سرپرستی کِدھر سے ہوتی ہے

ایک لرزش تو شاخساروں میں
جنبشِ بال و پَر سے ہوتی ہے

جب بھی ہوتی ہے سنگ اندازی
اُسی شیشے کے گھر سے ہوتی ہے

لاکھ زنداں سے دُور ہوں افضلؔ
ایک نسبت تو گھر سے ہوتی ہے

○

ہم وہی پتھر کے پتھر رہ گئے
سارے تیشے کُند ہو کر رہ گئے

منزلیں انگڑائیاں لیتی رہیں
قافلے کروٹ بدل کر رہ گئے

مژدہ باد اے رونقِ دیر و حَرم
سارے میخانے اُجڑ کر رہ گئے

تیر کا پھل تو نکل آیا مگر
ٹوٹ کر سینے میں نشتر رہ گئے

پیاس کی منزل میں چھوڑا سب نے ساتھ
آ کے ساحل تک سمندر رہ گئے

عقل نے بستر تو پھیلایا بہت
پاؤں چادر میں سمٹ کر رہ گئے

ہم تو زینے تھے زمیں پر آ رہے
مصلحت کے پاؤں چھت پر رہ گئے

ایک بجلی سی فضا میں کوند اٹھی
ہاتھ میں ٹوٹے ہوئے پَر رہ گئے

●

کچھ تو افسانۂ غمِ دِل کو مزا دیتا ہے
کچھ ترا درد بھی ماحول بنا دیتا ہے

پھول سے بادِ بہاری کا یہی رشتہ تھا
دِل سلگتا ہے تو ہر سانس ہوا دیتا ہے

شبنمی شام کی باہنوں میں پگھلتا سُورج
کتنے سوئے ہوئے خوابوں کو جگا دیتا ہے

چونکنے والے تجھے دِل نے پُکارا ہو گا
چُپ کے صحرا میں کسے کون صدا دیتا ہے

کوئی سُورج مجھے تنہا نہیں چلنے دیتا
ایک سائے کو مرے ساتھ لگا دیتا ہے

تیرے وعدے کو پشیماں نہیں ہونے دیتا
دل سرِ شام چراغ اپنا جلا دیتا ہے

جِس کے پھُولوں پہ نظر ہوتی ہے گلچینوں کی
پیڑ کا بوجھ وہی شاخ جھکا دیتا ہے

دُور تک وادیٔ دِل میں نہ کوئی زخم نہ داغ
گھُپ اندھیرے میں دِیا کون جلا دیتا ہے

جسکی قسمت میں نہیں عشرتِ منزل وہی موڑ
کتنی بچھڑی ہوئی راہوں کو ملا دیتا ہے

دیکھنے والے کا اندازِ نظر تو دیکھو
اپنا چہرہ مرے چہرے پہ سجا دیتا ہے

آنکھوں سے دُور سرحدِ شام و سحر نہ تھی
ظلمت میں سمت ہی پہ گرفتِ نظر نہ تھی

کیا جانے راستے میں کہاں ساتھ چھوٹتا
اچھا ہوا کہ یاد تری ہمسفر نہ تھی

رُخ اُس کے التفات کا پہچانتا ہوں میں
تھی جس طرف نگاہ توجہ اُدھر نہ تھی

کیا قافلوں نے راہ کو منزل سمجھ لیا
پہلے تو اتنی بھیڑ کسی موڑ پر نہ تھی

طوفاں کی یورشوں سے بچاتے رہے چراغ
دامن کی سازشوں پہ کسی کی نظر نہ تھی

اے منزلِ حیات ذرا دیر ہو گئی
سیدھی سپاٹ راہ مری رہ گذر نہ تھی

منزل پہ ہم کو دیکھ کے دھوکا نہ کھائیے
اہلِ جنوں کی راہ بہت مختصر نہ تھی

افضل زمینِ حضرتِ پرویز میں غزل
اک ہدیۂ خلوص تھا عرضِ ہنر نہ تھی

آج دل ہے کہ سرِ شام بجھا لگتا ہے
یہ اندھیرے کا مسافر بھی تھکا لگتا ہے

اپنے بھٹکے ہوئے دامن کی خبر لی نہ گئی
جس کو دیکھو وہ چراغوں سے خفا لگتا ہے

باغ کا پھول نہیں لالۂ صحرا ہوں میں
لُو کا جھونکا بھی مجھے بادِ صبا لگتا ہے

تنگیٔ ظرفِ نظر کثرتِ نظارۂ دہر
پیاس کچی ہو تو ہر جام بھرا لگتا ہے

کس تکلّف سے گرہ کھول رہا ہوں دل کی
عقدۂ دردترا بندِ قبا لگتا ہے

خارزاروں کو سکھادے نہ گلستاں کا چلن
یہ مسافر تو کوئی آبلہ پا لگتا ہے

دیکھ تو روزنِ زنداں سے ذرا سوئے چمن
آج کیوں دل کا ہر اک زخم ہرا لگتا ہے

کون افضل کے سوا ایسی غزل چھیڑے گا
دوستو یہ وہی آشفتہ نوا لگتا ہے

ہر ایک گام پہ آسودگی کھڑی ہوگی
سفر کی آخری منزل بہت کڑی ہوگی

یہ اپنے خون کی لہروں میں ڈوبتی کشتی
بھنور سے بھاگ کے ساحل پہ جا پڑی ہوگی

مسافرو یہ خلش نوک خار کی تو نہیں
ضرور پاؤں تلے کوئی پنکھڑی ہوگی

ترے خلوصِ تحفظ میں شک نہیں لیکن
ہوا میں ریت کی دیوار گر پڑی ہوگی

نظامِ قیدِ مسلسل میں کیسی آزادی
کھُلے جو پاؤں تو ہاتھوں میں ہتھکڑی ہوگی

ترے فرار کی سرحد قریب تھی لیکن
مری تلاش ذرا دُور جا پڑی ہوگی

تمہارے دورِ مسلسل کی مُنضبط تاریخ
ہمارے رقصِ مسلسل کی اِک کڑی ہوگی

مرے گمان کی بنیاد کھوکھلی نکلی!
ترے یقیں کی عمارت کہاں کھڑی ہوگی

●

سر تا قدم کتاب ہو تم کون لوگ ہو
صاحب ہو یا جناب ہو تم کون لوگ ہو

دریا کو مُنہ دکھاتے نہیں مارے شرم کے
ساحِل پہ آب آب ہو تم کون لوگ ہو

ظلمت میں ڈوب جاتے ہو سُورج کے سامنے
ذرّوں میں آفتاب ہو تم کون لوگ ہو

رہتے ہو جو نرے بھونرے یں نظروں سے دُور دُور
پروردۂ نقاب ہو تم کون لوگ ہو

تعبیر کے محل میں تعیش کا ہے خیال
اس درجہ محوِ خواب ہو تم کون لوگ ہو

دریا پکارتا ہے مگر چونکتے نہیں
آسودۂ سراب ہو تم کون لوگ ہو

کرتے ہو گفتگوئے محبت میں بھی سوال
واللہ لاجواب ہو تم کون لوگ ہو

ب کسی جانب کوئی منزل نہیں، ایسا بھی کیا
قافلے کا کوئی مستقبل نہیں، ایسا بھی کیا

پُروقار انداز سے عرضِ تمنا کیجئے
احترامِ خواہشاتِ دِل نہیں، ایسا بھی کیا

لاکھ پتواروں پہ ہو تہذیبِ طوفاں کا اَثر
کشتیاں شائستۂ ساحل نہیں، ایسا بھی کیا

چھوٹ جائیں بھیڑ میں کچھ ہمسفر یہ اور بات
قافلے میں اب کوئی شامل نہیں، ایسا بھی کیا

آج اپنی ذات سے ہر شخص ہے اِک انجمن
تم نہیں تو رونقِ محفل نہیں، ایسا بھی کیا

ایک جیسے پھول ہی کھلتے ہیں سب پلکوں پہ کیوں
سلسلہ زخموں کا دِل در دِل نہیں، ایسا بھی کیا

آپ کی تشخیص دستانے اُتارے تو سہی
آدمی بہتر ہے آب و گلِ نہیں، ایسا بھی کیا

○

تم سے تو کچھ نہیں ہے کلام اے مسافرو
رہبر ملے تو کہیو سلام اے مسافرو

کیا پہلے کوئی موڑ نہ آیا تھا راہ میں
اب کے یہ کون سا ہے مقام اے مسافرو

کچھ یونہی رنگ رنگ نہیں جادۂ سحر
تڑپا ہے کوئی کشتۂ شام اے مسافرو

بے سمتیوں کی راہ پہ دِل کو نہ ڈال دے
تھامے رہو نظر کی لگام اے مسافرو

پچھلا سفر تو خواب کے خیموں میں کٹ گیا
اب کے کہاں کرو گے قیام اے مسافرو

اللہ راس لائے تمھیں یہ سُبک روی
ہم بھی بہت تھے تیز خرام اے مسافرو

●

نظر دی نہ ہم کو عصا دے گئی
اُجالے کی عینک دغا دے گئی

کڑی دھوپ میں خاک اُڑاتی ہوا
برہنہ سروں کو ردا دے گئی

زمانے کا خنجر بہت تیز تھا
مری سخت جانی مزا دے گئی

کچھ ایسی نہ تھی داستانِ حیات
ادھوری کہانی مزا دے گئی

ہر اک شاخ دستِ تہہِ سنگ ہے
یہ کیا پھول بادِ صبا دے گئی

ہمیں اپنے دل سے مخاطب رہے
یہ دنیا تو اکثر صدا دے گئی

نظر آ گئے سب چراغوں کے گھر
ہوا روزنوں کو دعا دے گئی

مری ہر کرن تھی مسافر نواز
ہواؤں کو گھر کا پتا دے گئی

ہمیں جلیں ہمیں فانوس بھی تلاش کریں
ہوا کے شہر میں کس طرح بود و باش کریں

ہمیں قبول نہیں اقتدار خنجر کا
کٹے زبان تو کیوں آہِ دلخراش کریں

یہ خواب زار ہمارے نصیب میں لکھ دو
ہمیں قسم ہے جو تعبیر ہم تلاش کریں

کہاں کے خواب و حقائق سب آئینے اندھے
نظر کو چور تصوّر کو پاش پاش کریں

اب ایک ایک سے کیا پوچھیں راہِ میخانہ
جنابِ شیخ کے نقشِ قدم تلاش کریں

اِک ضربِ مسلسل کے ہنر کھُلنے لگے ہیں
دیوار میں اَب سینکڑوں در کھُلنے لگے ہیں

طاقوں پہ اُٹھا رکھے تصور کے صحیفے
اوراقِ مقاماتِ نظر کھُلنے لگے ہیں

میں ترکِ دُعا کر کے خسارے میں نہیں ہوں
اتنا تو ہوا بابِ اثر کھُلنے لگے ہیں

اک رات اُفق تا بہ اُفق پھیل رہی ہے
آنکھوں پہ طلسماتِ سحر کھُلنے لگے ہیں

جاؤ کہیں پھینک آؤ یہ تہذیب کی چادر
جب پاؤں چھپائے ہیں تو سر کھُلنے لگے ہیں

اک حشر سا برپا ہے عقائد کی فضا میں
انسان کی تخیُّل کے پر کھُلنے لگے ہیں

آئینے تصوّر کے ہوئے جاتے ہیں اندھے
اب جوہرِ اربابِ نظر کھُلنے لگے ہیں

کیا رہزن و رہبر میں کوئی عہد بندھا ہے
یہ راہ میں کیوں رختِ سفر کھُلنے لگے ہیں

جب دیکھئے اِک بھیڑ ہے غیروں کی گلی میں
کیا تیرے دریچے بھی ادھر کھُلنے لگے ہیں

●

مختلف راستوں کے اسیروں میں ہیں
ہم تو منزل پہ بھی راہگیروں میں ہیں

زاویے وہ نہیں جو لکیروں میں ہیں
سب قلم مصلحت کے اسیروں میں ہیں

آپ کے پاؤں بھی لڑکھڑانے لگے
آپ تو جام کے دست گیروں میں ہیں

تم دباؤ گے کِس کِس کی آواز کو
سب نگاہیں مری ہم صفیروں میں ہیں

سوچئے دل سرِ شام کیوں بجھ گئے
آپ تو روشنی کے مشیروں میں ہیں

آئینہ محبسِ خال و خد ہی تو ہے
عکس کیا نقش کیا سب اسیروں میں ہیں

آنکھ اِس موڑ پر ذہن اُس موڑ پر
کس قدر فاصلے راہگیروں میں ہیں

کوئی مانگے کا پانی لٹائے گا کیا
سب تنک آب دریا فقیروں میں ہیں

ہر گلے کی بلائیں لئے جائیں گے
ہار کے پھول تو بے ضمیروں میں ہیں

ہم کو پامال کر کے کہاں جائے گی
زندگی ہم ترے دستگیروں میں ہیں

●

○

لہو نے کیا ترے خنجر کو دلکشی دی ہے
کہ ہم نے زخم بھی کھائے ہیں داد بھی دی ہے

لباس چھین لیا ہے برہنگی دی ہے
مگر مذاق تو دیکھو کہ آنکھ بھی دی ہے

ہماری بات پہ کس کو یقین آئے گا
خزاں میں ہم نے بشارت بہار کی دی ہے

دھرا ہی کیا تھا ترے شہرِ بے ضمیر کے پاس
مرے شعور نے خیراتِ آگہی دی ہے

حیات تجھکو خدا اور سربلند کرے
تری بقا کے لئے ہم نے زندگی دی ہے

کہاں تھی پہلے یہ بازارِ سنگ کی رونق
سرِ شکستہ نے کیسی ہماہمی دی ہے

چراغ ہوں مری کرنوں کا قرض ہے سب پر
بقدرِ ظرفِ نظر سب کو روشنی دی ہے

چلی نہ پھر کسی مظلوم کے گلے پہ چھری
ہماری موت نے کتنوں کو زندگی دی ہے

ترے نصاب میں داخل تھی آستاں بوسی
مرے ضمیر نے تعلیم سرکشی دی ہے

کٹے گی عمرِ سفر جادہ آفرینی میں
تری تلاش نے توفیقِ گمرہی دی ہے

ہزار دیدۂ تصور ہزار رنگِ منظر
ہوس نے حسن کو بسیار چہرگی دی ہے

وہی اک لفظ جس کی حیثیت مانی نہیں جاتی
ترے ہونٹوں پہ ہو تو شکل پہچانی نہیں جاتی

بھری برسات کا موسم بھی راس آیا نہ ساحل کو
چڑھی ہیں ندیاں اور خشک دامانی نہیں جاتی

ہواؤں پر نہ جاؤ آسماں کا رنگ بھی دیکھو
گلستاں کی فضا خوشبو سے پہچانی نہیں جاتی

دلوں تک آئیے تھوڑی مسافت اور طے کیجیے
تھکن جذبات کی چہرے سے پہچانی نہیں جاتی

○

بند نہیں بازارِ پرستش سنگِ در بھی ملتے ہیں
پیشہ ہے جن کا سجدہ فروشی ایسے سر بھی ملتے ہیں

اشکوں کی دوکان سجی ہے ہمدردی کی منڈی میں
گوشۂ داماں بھی ملتا ہے دیدۂ تر بھی ملتے ہیں

شہرِ وفا کو لاکھ اُجاڑے ظالم ہے فیاض بہت
ترکِ وطن کرنے والوں کو زادِ سفر بھی ملتے ہیں

کرتے ہیں مرہم کی تجارت نام ہے ان کا چارہ گر
وقتِ ضرورت ان کے مطب سے زخمِ جگر بھی ملتے ہیں

میری فکر و نظر کی دُنیا شہروں تک محدود نہیں
اس کی سیر کو آنے والو اس میں کھنڈر بھی ملتے ہیں

بستی بستی دوڑ رہی ہے ایسی ہے ویرانی بھی
جنگل جنگل گھوم رہے ہیں ایسے گھر بھی ملتے ہیں

نقش خرید و عکس خرید و بکتا ہے ہر مال یہاں
چہرہ بنانے والے بھی ہیں آئینہ گر بھی ملتا ہے

●

چلو کچھ تو راہ طے ہو نہ چلے تو بھول ہو گی
ابھی بند ہر گلی ہے جو کھلے گی طول ہو گی

ترے حُسن کی ودیعت مری جرأتِ نظارہ
ترے رُوبرو جھکے گی تو نظر کی بھول ہو گی

مرے ہمسفر بڑھیں گے مجھے راستہ بنا کر
مرے پاؤں سے اُڑی ہے مرے سر پہ دھول ہو گی

مجھے قبلہ رُو بٹھا کر مرے ہاتھ اٹھانے والو
یہ یقین بھی دِلا دو کہ دعا قبول ہو گی

چلو مان لیں یہ دونوں کوئی شے ہے مصلحت بھی
نہ ستم کا دِل دُکھے گا نہ وفا ملول ہو گی

ترا فنِ قصہ گوئی ابھی دار تک ہی پہنچا
مرے شوق کی کہانی ابھی اور طول ہو گی

وہ لہو کی دھار افضل جو ہے قرض خنجروں پر
نہ کریں گے ہم تقاضا نہ کبھی وصول ہو گی

سَچ کو بھی شوخیِ گفتار سمجھ لیتے ہیں
واقعہ کہتا ہوں اشعار سمجھ لیتے ہیں

قافلے والوں کی پرَوازِ تخیل دیکھو
گرد اُڑتی ہے تو دیوار سمجھ لیتے ہیں

شہر میں چہروں کی دوکان سجانے والے
ہر مسافر کو خریدار سمجھ لیتے ہیں

بدگماں ایسے کہ رُودادِ قد و گیسو کو
داستانِ رسن و دار سمجھ لیتے ہیں

تم سے زنجیر کی جھنکار بھی سمجھی نہ گئی
ہم زبانِ دَر و دِیوار سمجھ لیتے ہیں

لوگ سُورج کی سمادھی پہ جلاتے ہیں چراغ
اور ہم صبح کے آثار سمجھ لیتے ہیں

کتنے کوتاہ وسائل ہیں سفینے والے
دستِ ملّاح کو پتوار سمجھ لیتے ہیں

وہ توجہ کی نمائش نہیں کرتے افضل
اب مزاجِ دلِ خود دار سمجھ لیتے ہیں

اُٹھا نہ ہاتھ میں آئینہ خودنگر کی طرح
اِدھر اُدھر بھی ذرا دیکھ دیدہ ور کی طرح

خُدا کرے کوئی گُم کردہ راہ مل جائے
بھٹک رہے ہیں بیاباں میں ہم خضر کی طرح

میں ایک ذرّہ ’آوارہ‘ تو ہوائے بہار
کبھی ملے تھے رفیقانِ رہگزر کی طرح

مذاقِ عام کسوٹی نہیں اُجالوں کی
نئی سحر کو پرکھئے مری نظر کی طرح

تری تلاش نے پہنچا دیا کہاں مجھ کو
پڑا ہوں راہ میں آسودۂ سفر کی طرح

یہ شعلہ زارِ تمنا ہے اس میں چھاؤں نہ ڈھونڈ
یہاں کی رات بھی ہوتی ہے دوپہر کی طرح

بس ایک برق سی کوندے! یہ کیا تماشا ہے
کوئی نظارہ تو بھرپور ہو نظر کی طرح

○

مایوسیوں کی شاخ کتر دی گئی تو ہے
اَب کے بَرس بشارتِ پر دی گئی تو ہے

اغیار کیوں اٹھائیں جنازہ خلوص کا
شرکت کی دوستوں کو خبر دی گئی تو ہے

گرنے پہ جائیے نہ سنبھلنے پہ جائیے
برجستہ دادِ عیشِ سفر دی گئی تو ہے

لفظوں کو کوئی موڑ نیا ہم نہ دے سکے
معنی کو ایک سمت مگر دی گئی تو ہے

تنقید پیچ و خم میں گذر جائے گی حیات
پڑھنے کو داستانِ سفر دی گئی تو ہے

پھر منزلوں کی بھیڑ میں گم ہو کے رہ نہ جائے
ہر قافلے کو راہ گذر دی گئی تو ہے

ہر پیڑ بے لباس ہے کھولے گا کون آنکھ
فصلِ برہنگی میں نظر دی گئی تو ہے

دوڑتے ہیں ہاتھ میں پتھر اٹھائے ہم کہ تم
کون ہے دیوانہ ! پتھر کون کھائے ہم کہ تم

کِس کی چشمِ شوق پر نازل ہوا شب کا عتاب
تیرگی سے روشنی کا خواب لائے ہم کہ تم

دوستی کو اَب بھری محفل میں ننگا کیوں کرو
آستیں میں کون ہے خنجر چھپائے ہم کہ تم

آشیاں بدلا کئے تم رُخ ہوا کا دیکھ کر
کوئی موسم ہو چمن کو راس آئے ہم کہ تم

حرف جذباتیت کا گھُپ اندھیرا ہے محیط
چل رہے ہیں فکر کی مشعل جلائے ہم کہ تم

آخر شب جادۂ مستی سے بہکے کس کے پاؤں
میکدے میں جام اٹھا کر لڑکھڑائے ہم کہ تم

کس نے رُخ پلٹا درِ مقتل پہ ہم کو چھوڑ کر
کس نے کی توبہ وفا سے باز آئے ہم کہ تم

ہم تو آپے میں نہ تھے تم تو سراپا ہوش تھے
بیڑیاں ہاتھوں میں لے کر لو کھلائے ہم کہ تم

○

ہم ہیں وہ عکس جب آئینے میں ڈھل جاتے ہیں
آئینے کے بھی خد و خال بدل جاتے ہیں

فرض کا بوجھ بہکنے نہیں دیتا ہے ہم کو
جام اٹھاتے ہیں تو کچھ اور سنبھل جاتے ہیں

آگ احساسِ ندامت کی کہاں بجھتی ہے
ہم گنہگار تو جنت میں بھی جل جاتے ہیں

زندگی ہم کو سدا عشق کے قالب میں نہ ڈھونڈ
ہم کبھی حسن کے پیکر میں بھی ڈھل جاتے ہیں

وقت کے ہمسفروں ہی میں نہ ڈھونڈو ہمکو
ہم کبھی وقت سے آگے بھی نکل جاتے ہیں

وقت کی دھوپ ہمیں جذب نہ کر پائے گی
ہم وہ قطرے ہیں جو سورج کو نگل جاتے ہیں

●

کہتے ہیں کسی ہاتھ میں پتھر بھی نہیں ہے
سنتے ہیں کہ محفوظ کوئی سر بھی نہیں ہے

کیا جانئے کس سمت سے آتے ہیں یہ پتھر
بستی میں تو شیشے کا کوئی گھر بھی نہیں ہے

اے چارہ گری آج ہے کیا تیرا ارادہ
نشتر بھی نہیں ہاتھ میں خنجر بھی نہیں ہے

کیا جانئے کیا سوچ کے بھر آتی ہیں آنکھیں
ہنسنا مرے امکان سے باہر بھی نہیں ہے

کچھ ہم بھی ہوئے جاتے ہیں آسودۂ زنداں
کچھ قید کی میعاد مقرر بھی نہیں ہے

کس سمت بڑھی جاتی ہے اے خانہ خرابی
تا حدِ نظر اب تو کوئی گھر بھی نہیں ہے

تدبیر کے چھینٹوں سے بجھا بھی نہیں پاتا
وہ پیاس جو انساں کا مقدر بھی نہیں ہے

اے خونِ جگر تجھ سے اب کام لیا جائے
جو بزم میں خالی ہے وہ جام لیا جائے

ہے پیاس بہت لیکن احساس تو زندہ ہے
دِل توڑنے والے سے کیا جام لیا جائے

اشعار کے پردے میں ہم کس سے مخاطب ہیں
سَب جان گئے ہوں گے کیوں نام لیا جائے

پورب ہو کہ پچھم ہو ٹھہرے تو کہیں سُورج
کیا بھاگتے سائے میں آرام لیا جائے

وہ دیدہ و دانستہ مائل بہ تغافل ہے
اعزاز تکلف سے کیوں کام لیا جائے

ڈھے جائے گی دیوار، پتا کچھ نہ ملے گا
ٹوٹو گے تو ذرّوں کے سوا کچھ نہ ملے گا

دیوانے کہاں شیشۂ دل لے کے چلا ہے
اِک سنگِ ملامت کے سوا کچھ نہ ملے گا

ہوش آیا تو یہ طوق و سلاسل بھی نہ ہوں گے
اِک عمر کی وحشت کا صلہ کچھ نہ ملے گا

اُمید کی خلعت سے بھی ہو جاؤ گے محروم
مانگو گے تو انعامِ وفا کچھ نہ ملے گا

اِس دل پہ بہت بارشِ الطاف ہوئی ہے
اس راکھ سے اے موجِ ہوا کچھ نہ ملے گا

اس پیاس کی، وادی میں کہاں نم نکل آئے
ہونٹوں کو سرابوں کے سوا، کچھ نہ ملے گا

دلوں کے بیچ بدن کی فصیل اُٹھا دی جائے
سمٹ رہی ہے مسافت ذرا بڑھا دی جلئے

ہماری سمت کبھی زحمتِ سفر تو کرو!
تمہاری راہ میں بھی کہکشاں بچھا دی جائے

بنی تو ہوگی کہیں سرحدِ گراں گوشی
تمہیں بتاؤ کہاں سے تمہیں صدا دی جائے

کسی کے کام تو آئے خلوص کی خوشبو
مزاج میں نہ سہی جسم میں بسا دی جائے

یہ سوچتے نہیں کیوں فاصلے طویل ہوئے
یہ پوچھتے ہیں کہ رفتار کیوں بڑھا دی جائے

یہ محویت نہ کہیں تجھ سے پھیر دے سب کو
تری طرف سے توجہ ذرا ہٹادی جائے

تکلفات کی پُر پیچ وادیاں کب تک
براہِ راست انہیں دعوتِ وفادی جائے

سُنی ہیں ہم نے بہت تیرگی پہ تقریریں
ملے نہ لفظ اگر روشنی بجھادی جائے

گزرنے والی ہوا خود پتہ لگا لے گی
ذراسی آگ کسی راکھ میں دبادی جائے

●